ANNE GEDDES™

ISBN-0-7683-3870-0

www.annegeddes.com

The Anne Geddes 2001 Datebook is owned and produced by
The Especially Kids Company Limited,
2 York Street, Parnell, Auckland, New Zealand.
Telephone +64-9-375 2566, Facsimile +64-9-375 2560
Published in 2000 by Cedco Publishing Company,
100 Pelican Way, San Rafael, CA 94901

Produced by Kel Geddes
Color separations by Image Centre
Printed by Midas Printing Limited, Hong Kong.

Please write to us for a free full color catalog
of our fine Anne Geddes calendars and books,
Cedco Publishing Company, 100 Pelican Way, San Rafael, CA 94901
or visit our website: www.cedco.com

Anne Geddes

DATEBOOK

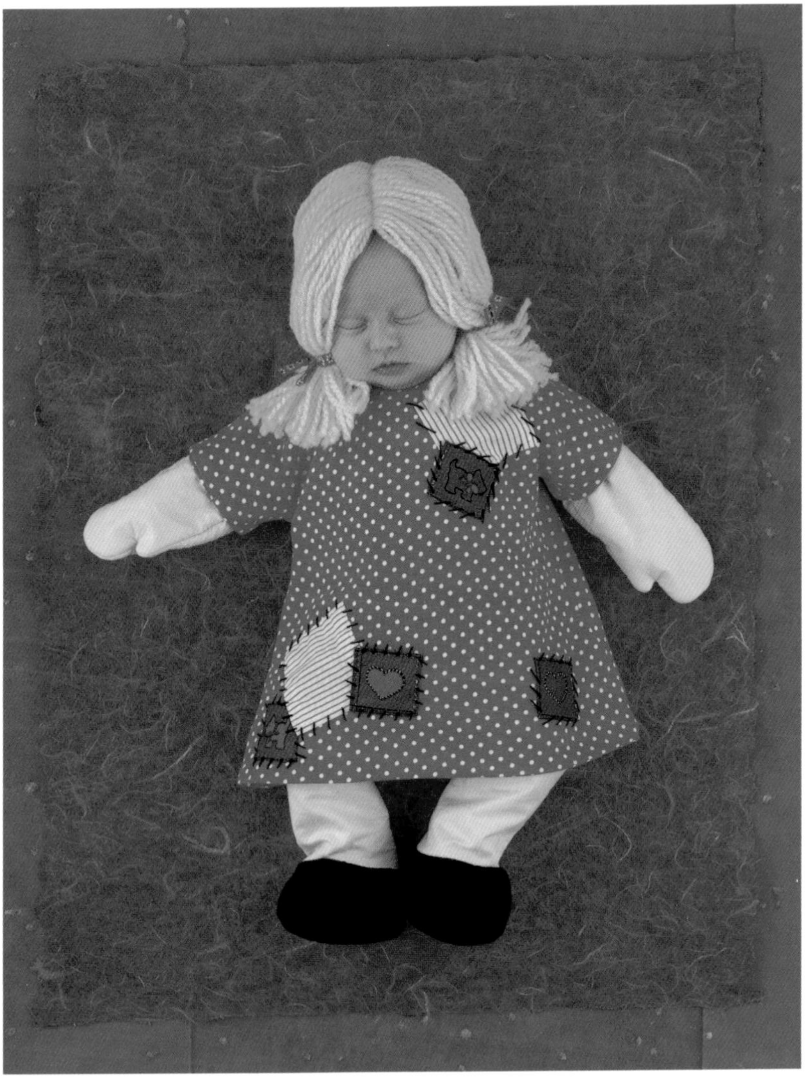

2001

2001

JANUARY

S	M	T	W	T	F	S
	1	2	3	4	5	6
7	8	9	10	11	12	13
14	15	16	17	18	19	20
21	22	23	24	25	26	27
28	29	30	31			

FEBRUARY

S	M	T	W	T	F	S
				1	2	3
4	5	6	7	8	9	10
11	12	13	14	15	16	17
18	19	20	21	22	23	24
25	26	27	28			

MARCH

S	M	T	W	T	F	S
				1	2	3
4	5	6	7	8	9	10
11	12	13	14	15	16	17
18	19	20	21	22	23	24
25	26	27	28	29	30	31

APRIL

S	M	T	W	T	F	S
1	2	3	4	5	6	7
8	9	10	11	12	13	14
15	16	17	18	19	20	21
22	23	24	25	26	27	28
29	30					

MAY

S	M	T	W	T	F	S
		1	2	3	4	5
6	7	8	9	10	11	12
13	14	15	16	17	18	19
20	21	22	23	24	25	26
27	28	29	30	31		

JUNE

S	M	T	W	T	F	S
					1	2
3	4	5	6	7	8	9
10	11	12	13	14	15	16
17	18	19	20	21	22	23
24	25	26	27	28	29	30

JULY

S	M	T	W	T	F	S
1	2	3	4	5	6	7
8	9	10	11	12	13	14
15	16	17	18	19	20	21
22	23	24	25	26	27	28
29	30	31				

AUGUST

S	M	T	W	T	F	S
			1	2	3	4
5	6	7	8	9	10	11
12	13	14	15	16	17	18
19	20	21	22	23	24	25
26	27	28	29	30	31	

SEPTEMBER

S	M	T	W	T	F	S
						1
2	3	4	5	6	7	8
9	10	11	12	13	14	15
16	17	18	19	20	21	22
23	24	25	26	27	28	29
30						

OCTOBER

S	M	T	W	T	F	S
	1	2	3	4	5	6
7	8	9	10	11	12	13
14	15	16	17	18	19	20
21	22	23	24	25	26	27
28	29	30	31			

NOVEMBER

S	M	T	W	T	F	S
				1	2	3
4	5	6	7	8	9	10
11	12	13	14	15	16	17
18	19	20	21	22	23	24
25	26	27	28	29	30	

DECEMBER

S	M	T	W	T	F	S
						1
2	3	4	5	6	7	8
9	10	11	12	13	14	15
16	17	18	19	20	21	22
23	24	25	26	27	28	29
30	31					

DECEMBER/JANUARY

SUNDAY 31

MONDAY 1

New Year's Day

TUESDAY 2

◐

First Quarter Moon

WEDNESDAY 3

THURSDAY 4

FRIDAY 5

SATURDAY 6

JANUARY

S	M	T	W	T	F	S
	1	2	3	4	5	6
7	8	9	10	11	12	13
14	15	16	17	18	19	20
21	22	23	24	25	26	27
28	29	30	31			

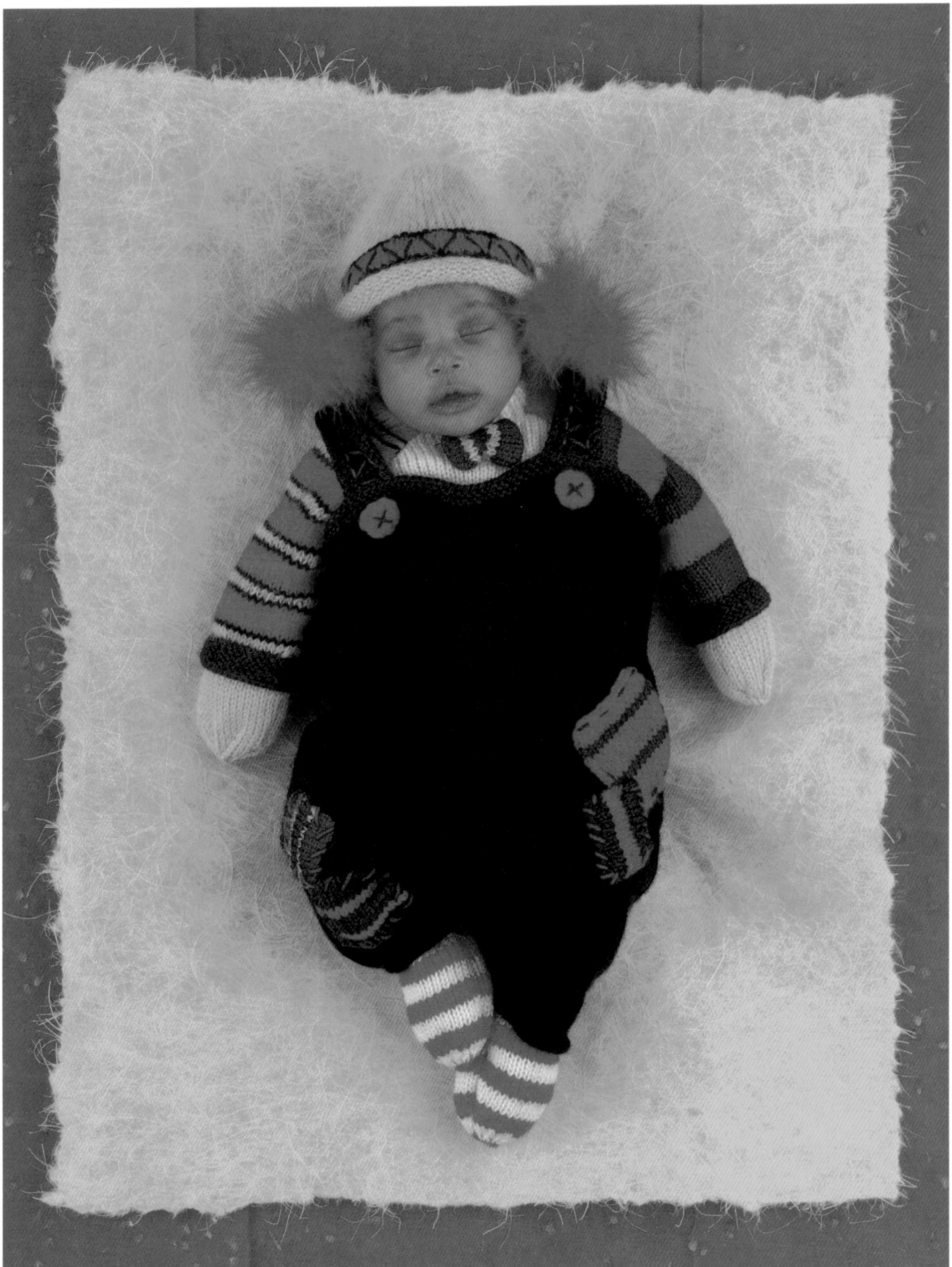

JANUARY

SUNDAY 7

MONDAY 8

TUESDAY 9

Full Moon

WEDNESDAY 10

THURSDAY 11

FRIDAY 12

SATURDAY 13

JANUARY

S	M	T	W	T	F	S
	1	2	3	4	5	6
7	8	9	10	11	12	13
14	15	16	17	18	19	20
21	22	23	24	25	26	27
28	29	30	31			

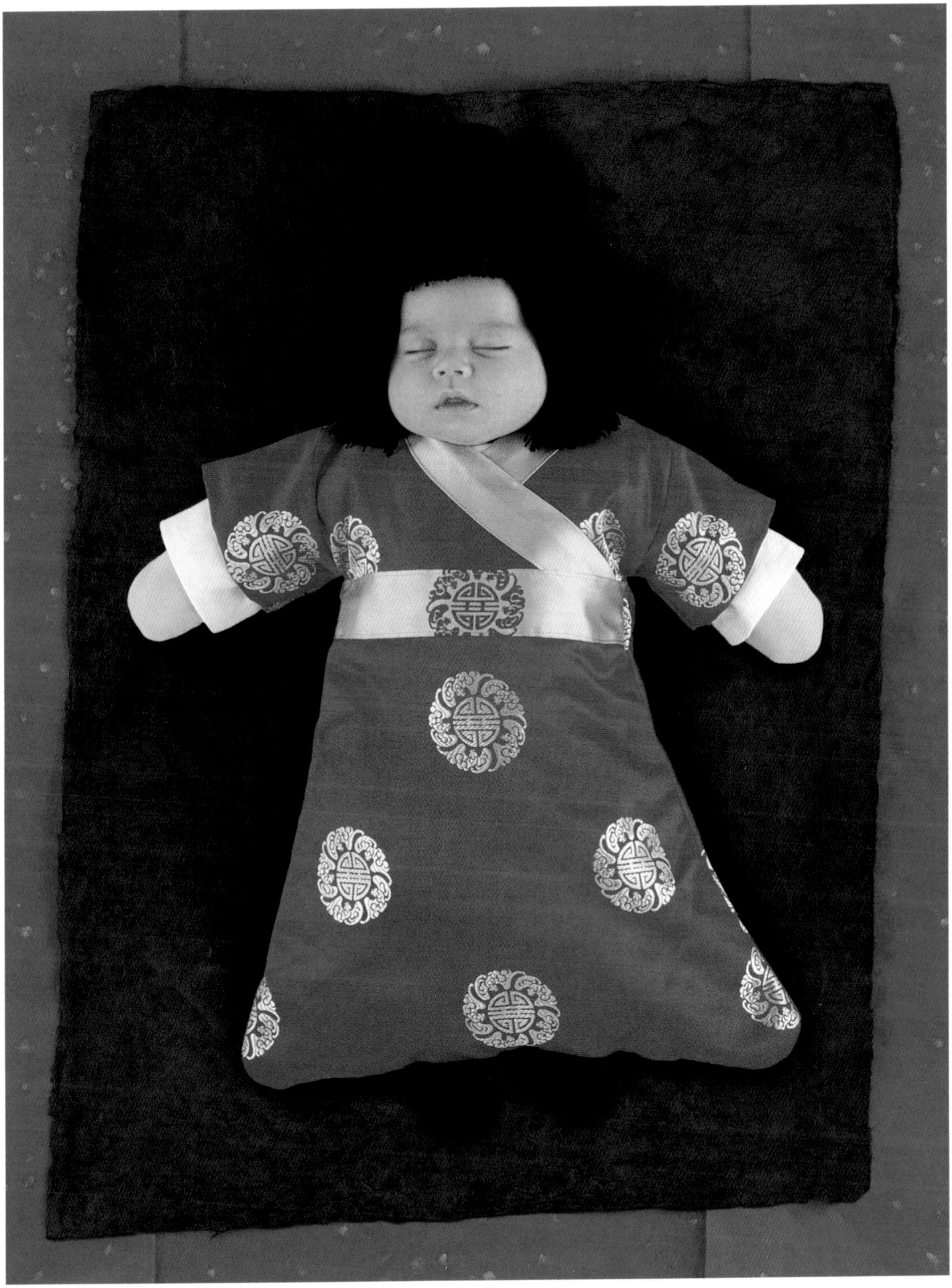

JANUARY

SUNDAY 14

MONDAY 15

Martin Luther King, Jr. Day

TUESDAY 16

◑ Last Quarter Moon

WEDNESDAY 17

THURSDAY 18

FRIDAY 19

SATURDAY 20

JANUARY

S	M	T	W	T	F	S
	1	2	3	4	5	6
7	8	9	10	11	12	13
14	15	16	17	18	19	20
21	22	23	24	25	26	27
28	29	30	31			

JANUARY

SUNDAY 21

MONDAY 22

TUESDAY 23

WEDNESDAY 24

●
New Moon

THURSDAY 25

FRIDAY 26

SATURDAY 27

JANUARY

S	M	T	W	T	F	S
	1	2	3	4	5	6
7	8	9	10	11	12	13
14	15	16	17	18	19	20
21	22	23	24	25	26	27
28	29	30	31			

JANUARY/FEBRUARY

SUNDAY 28

MONDAY 29

TUESDAY 30

WEDNESDAY 31

THURSDAY 1

◐
First Quarter Moon

FRIDAY 2

SATURDAY 3

FEBRUARY

S	M	T	W	T	F	S
				1	2	3
4	5	6	7	8	9	10
11	12	13	14	15	16	17
18	19	20	21	22	23	24
25	26	27	28			

FEBRUARY

SUNDAY 4

MONDAY 5

TUESDAY 6

WEDNESDAY 7

THURSDAY 8

○
Full Moon

FRIDAY 9

SATURDAY 10

SUNDAY 11

MONDAY 12

Lincoln's Birthday

TUESDAY 13

WEDNESDAY 14

St. Valentine's Day

◑
Last Quarter Moon

THURSDAY 15

FRIDAY 16

SATURDAY 17

FEBRUARY

S	M	T	W	T	F	S
				1	2	3
4	5	6	7	8	9	10
11	12	13	14	15	16	17
18	19	20	21	22	23	24
25	26	27	28			

FEBRUARY

SUNDAY 18

MONDAY 19

Presidents' Day

TUESDAY 20

WEDNESDAY 21

THURSDAY 22

Washington's Birthday

FRIDAY 23

● New Moon

SATURDAY 24

FEBRUARY

S	M	T	W	T	F	S
				1	2	3
4	5	6	7	8	9	10
11	12	13	14	15	16	17
18	19	20	21	22	23	24
25	26	27	28			

FEBRUARY / MARCH

SUNDAY 25

MONDAY 26

TUESDAY 27

WEDNESDAY 28

Ash Wednesday

THURSDAY 1

FRIDAY 2

◐

First Quarter Moon

SATURDAY 3

MARCH

S	M	T	W	T	F	S
				1	2	3
4	5	6	7	8	9	10
11	12	13	14	15	16	17
18	19	20	21	22	23	24
25	26	27	28	29	30	31

MARCH

SUNDAY 4

MONDAY 5

TUESDAY 6

WEDNESDAY 7

THURSDAY 8

International Women's Day

FRIDAY 9

Full Moon

SATURDAY 10

MARCH

S	M	T	W	T	F	S
				1	2	3
4	5	6	7	8	9	10
11	12	13	14	15	16	17
18	19	20	21	22	23	24
25	26	27	28	29	30	31

MARCH

SUNDAY 11

MONDAY 12

TUESDAY 13

WEDNESDAY 14

THURSDAY 15

FRIDAY 16

◐

Last Quarter Moon

SATURDAY 17

St. Patrick's Day

MARCH

S	M	T	W	T	F	S
				1	2	3
4	5	6	7	8	9	10
11	12	13	14	15	16	17
18	19	20	21	22	23	24
25	26	27	28	29	30	31

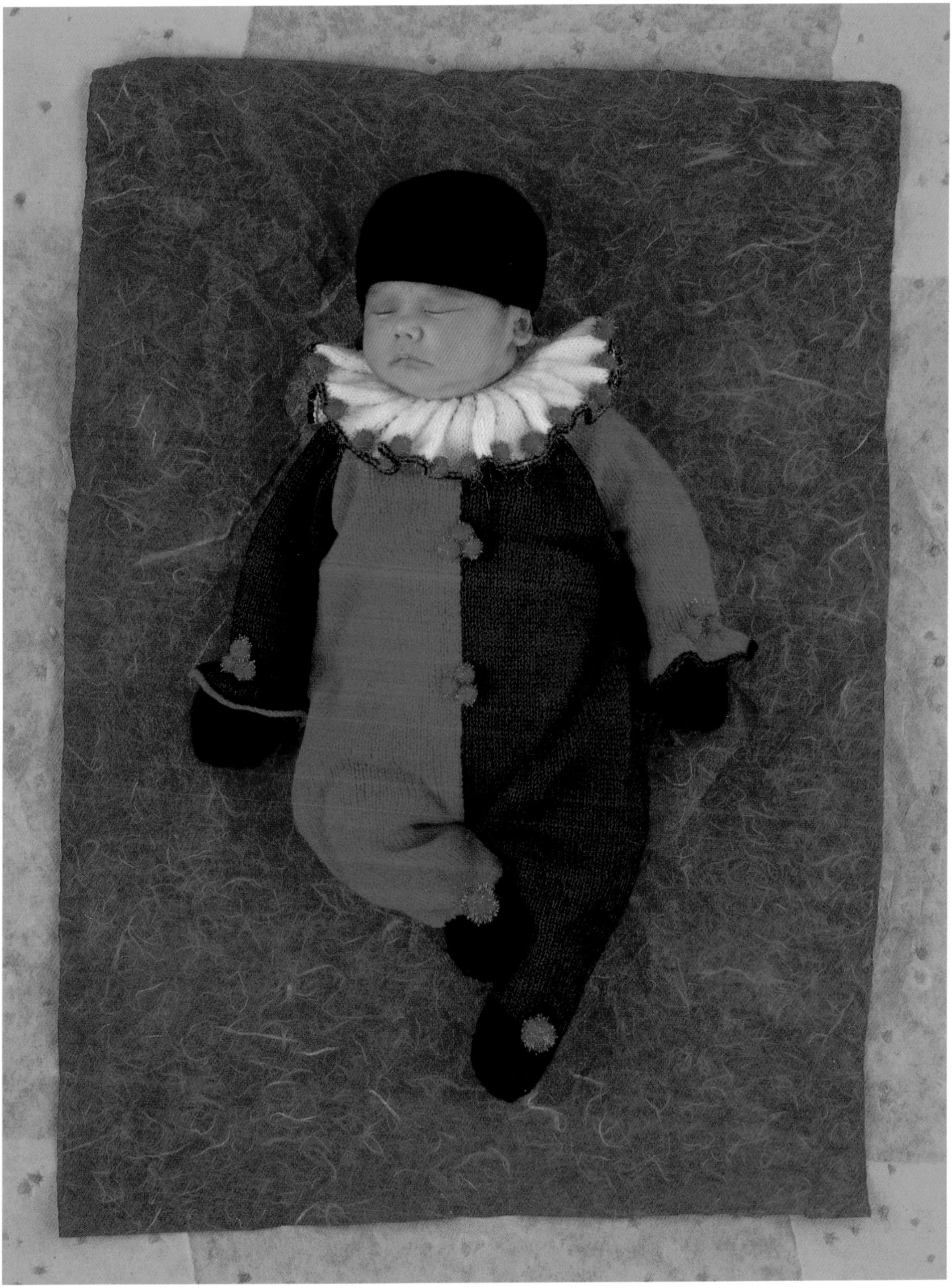

MARCH

SUNDAY 18

MONDAY 19

TUESDAY 20

Vernal Equinox 8:31 a.m. E.S.T.

WEDNESDAY 21

THURSDAY 22

FRIDAY 23

SATURDAY 24

●

New Moon

SUNDAY 25

MONDAY 26

TUESDAY 27

WEDNESDAY 28

THURSDAY 29

FRIDAY 30

SATURDAY 31

MARCH

S	M	T	W	T	F	S
				1	2	3
4	5	6	7	8	9	10
11	12	13	14	15	16	17
18	19	20	21	22	23	24
25	26	27	28	29	30	31

APRIL

SUNDAY 1

Daylight Saving Time begins (turn clock ahead an hour)

◐ First Quarter Moon

MONDAY 2

TUESDAY 3

WEDNESDAY 4

THURSDAY 5

FRIDAY 6

SATURDAY 7

○ Full Moon

APRIL

S	M	T	W	T	F	S
1	2	3	4	5	6	7
8	9	10	11	12	13	14
15	16	17	18	19	20	21
22	23	24	25	26	27	28
29	30					

APRIL

SUNDAY 8

Passover (begins at sunset)
Palm Sunday

MONDAY 9

TUESDAY 10

WEDNESDAY 11

THURSDAY 12

FRIDAY 13

Good Friday

SATURDAY 14

SUNDAY 15

Easter

Last Quarter Moon

MONDAY 16

TUESDAY 17

WEDNESDAY 18

THURSDAY 19

FRIDAY 20

SATURDAY 21

APRIL

S	M	T	W	T	F	S
1	2	3	4	5	6	7
8	9	10	11	12	13	14
15	16	17	18	19	20	21
22	23	24	25	26	27	28
29	30					

APRIL

SUNDAY 22

Earth Day

MONDAY 23

● New Moon

TUESDAY 24

WEDNESDAY 25

THURSDAY 26

FRIDAY 27

National Arbor Day

SATURDAY 28

APRIL

S	M	T	W	T	F	S
1	2	3	4	5	6	7
8	9	10	11	12	13	14
15	16	17	18	19	20	21
22	23	24	25	26	27	28
29	30					

APRIL/MAY

SUNDAY 29

MONDAY 30

First Quarter Moon

TUESDAY 1

WEDNESDAY 2

THURSDAY 3

FRIDAY 4

SATURDAY 5

MAY

S	M	T	W	T	F	S
		1	2	3	4	5
6	7	8	9	10	11	12
13	14	15	16	17	18	19
20	21	22	23	24	25	26
27	28	29	30	31		

MAY

SUNDAY 6

MONDAY 7

Full Moon

TUESDAY 8

WEDNESDAY 9

THURSDAY 10

FRIDAY 11

SATURDAY 12

SUNDAY 13

Mother's Day

MONDAY 14

TUESDAY 15

Census Day (Canada)

◑
Last Quarter Moon

WEDNESDAY 16

THURSDAY 17

FRIDAY 18

SATURDAY 19

MAY

S	M	T	W	T	F	S
		1	2	3	4	5
6	7	8	9	10	11	12
13	14	15	16	17	18	19
20	21	22	23	24	25	26
27	28	29	30	31		

MAY

SUNDAY 20

MONDAY 21

Victoria Day (Canada)

TUESDAY 22

●
New Moon

WEDNESDAY 23

THURSDAY 24

FRIDAY 25

SATURDAY 26

MAY

S	M	T	W	T	F	S
		1	2	3	4	5
6	7	8	9	10	11	12
13	14	15	16	17	18	19
20	21	22	23	24	25	26
27	28	29	30	31		

MAY / JUNE

SUNDAY 27

MONDAY 28

Memorial Day

TUESDAY 29

◐

First Quarter Moon

WEDNESDAY 30

THURSDAY 31

FRIDAY 1

SATURDAY 2

JUNE

S	M	T	W	T	F	S
					1	2
3	4	5	6	7	8	9
10	11	12	13	14	15	16
17	18	19	20	21	22	23
24	25	26	27	28	29	30

JUNE

SUNDAY 3

Pentecost

MONDAY 4

TUESDAY 5

Full Moon

WEDNESDAY 6

THURSDAY 7

FRIDAY 8

SATURDAY 9

SUNDAY 10

MONDAY 11

TUESDAY 12

WEDNESDAY 13

◑ Last Quarter Moon

THURSDAY 14

Flag Day

FRIDAY 15

SATURDAY 16

JUNE

S	M	T	W	T	F	S
					1	2
3	4	5	6	7	8	9
10	11	12	13	14	15	16
17	18	19	20	21	22	23
24	25	26	27	28	29	30

JUNE

SUNDAY 17

Father's Day

MONDAY 18

TUESDAY 19

WEDNESDAY 20

THURSDAY 21

Summer Solstice 3:38 a.m. E.D.T.

●

New Moon

FRIDAY 22

SATURDAY 23

JUNE

S	M	T	W	T	F	S
					1	2
3	4	5	6	7	8	9
10	11	12	13	14	15	16
17	18	19	20	21	22	23
24	25	26	27	28	29	30

JUNE

SUNDAY 24

St. Jean Baptiste Day (Quebec)

MONDAY 25

TUESDAY 26

WEDNESDAY 27

◐
First Quarter Moon

THURSDAY 28

FRIDAY 29

SATURDAY 30

JUNE

S	M	T	W	T	F	S
					1	2
3	4	5	6	7	8	9
10	11	12	13	14	15	16
17	18	19	20	21	22	23
24	25	26	27	28	29	30

JULY

SUNDAY 1

Canada Day (Canada)

MONDAY 2

TUESDAY 3

WEDNESDAY 4

Independence Day

THURSDAY 5

Full Moon

FRIDAY 6

SATURDAY 7

JULY

S	M	T	W	T	F	S
1	2	3	4	5	6	7
8	9	10	11	12	13	14
15	16	17	18	19	20	21
22	23	24	25	26	27	28
29	30	31				

JULY

SUNDAY 8

MONDAY 9

TUESDAY 10

WEDNESDAY 11

THURSDAY 12

FRIDAY 13

◑
Last Quarter Moon

SATURDAY 14

SUNDAY 15

MONDAY 16

TUESDAY 17

WEDNESDAY 18

THURSDAY 19

FRIDAY 20

●
New Moon

SATURDAY 21

JULY

S	M	T	W	T	F	S
1	2	3	4	5	6	7
8	9	10	11	12	13	14
15	16	17	18	19	20	21
22	23	24	25	26	27	28
29	30	31				

JULY

SUNDAY 22

MONDAY 23

TUESDAY 24

WEDNESDAY 25

THURSDAY 26

FRIDAY 27

◐ First Quarter Moon

SATURDAY 28

JULY

S	M	T	W	T	F	S
1	2	3	4	5	6	7
8	9	10	11	12	13	14
15	16	17	18	19	20	21
22	23	24	25	26	27	28
29	30	31				

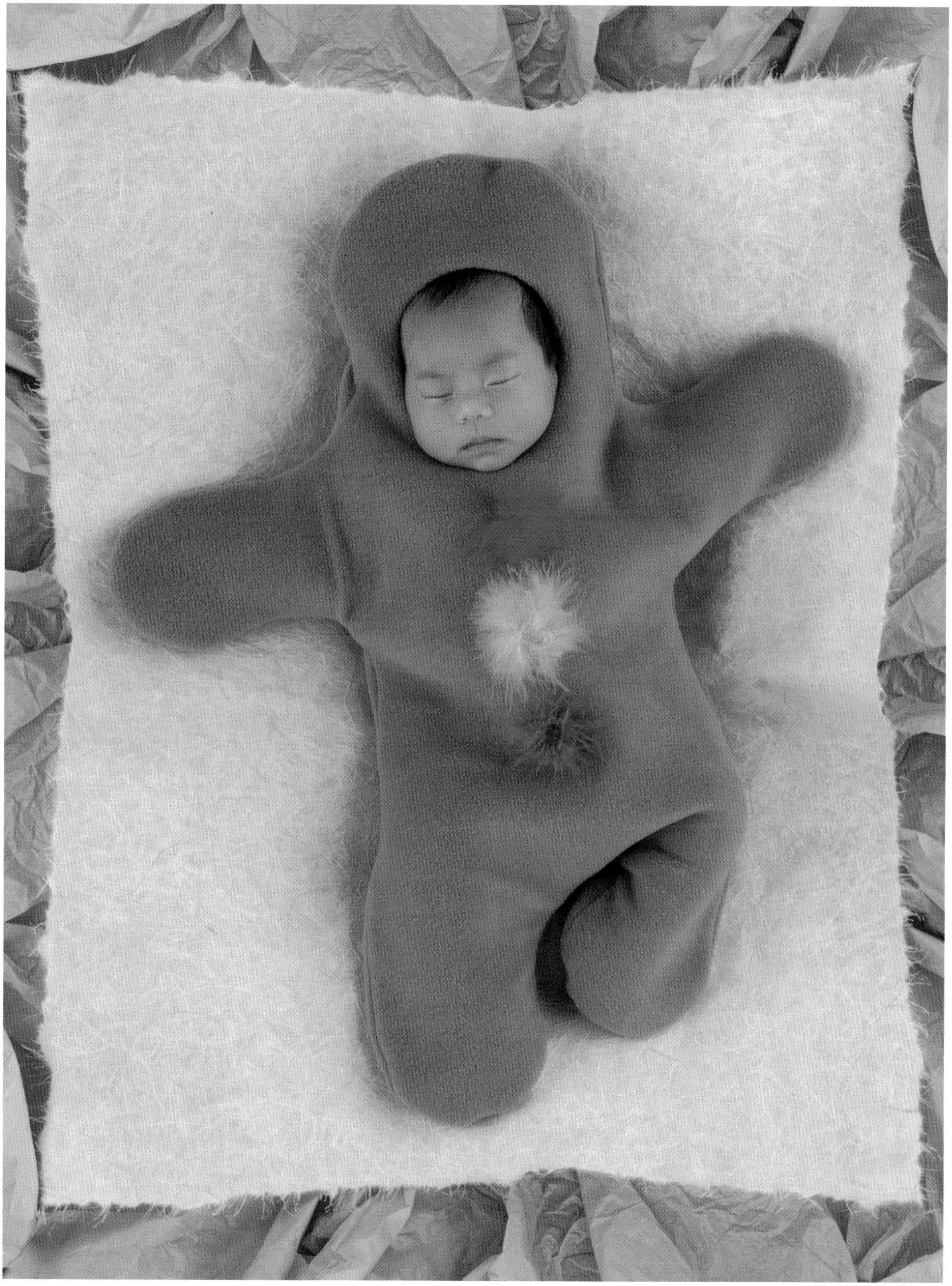

JULY / AUGUST

SUNDAY 29

MONDAY 30

TUESDAY 31

WEDNESDAY 1

THURSDAY 2

FRIDAY 3

SATURDAY 4

Full Moon

AUGUST

S	M	T	W	T	F	S
			1	2	3	4
5	6	7	8	9	10	11
12	13	14	15	16	17	18
19	20	21	22	23	24	25
26	27	28	29	30	31	

AUGUST

SUNDAY 5

MONDAY 6

Civic Holiday (Canada)

TUESDAY 7

WEDNESDAY 8

THURSDAY 9

FRIDAY 10

SATURDAY 11

SUNDAY 12

Last Quarter Moon

MONDAY 13

TUESDAY 14

WEDNESDAY 15

THURSDAY 16

FRIDAY 17

SATURDAY 18

New Moon

AUGUST

S	M	T	W	T	F	S
			1	2	3	4
5	6	7	8	9	10	11
12	13	14	15	16	17	18
19	20	21	22	23	24	25
26	27	28	29	30	31	

AUGUST

SUNDAY 19

MONDAY 20

TUESDAY 21

WEDNESDAY 22

THURSDAY 23

FRIDAY 24

SATURDAY 25

First Quarter Moon

AUGUST

S	M	T	W	T	F	S
			1	2	3	4
5	6	7	8	9	10	11
12	13	14	15	16	17	18
19	20	21	22	23	24	25
26	27	28	29	30	31	

AUGUST/SEPTEMBER

SUNDAY 26

MONDAY 27

TUESDAY 28

WEDNESDAY 29

THURSDAY 30

FRIDAY 31

SATURDAY 1

SEPTEMBER

S	M	T	W	T	F	S
						1
2	3	4	5	6	7	8
9	10	11	12	13	14	15
16	17	18	19	20	21	22
23	24	25	26	27	28	29
30						

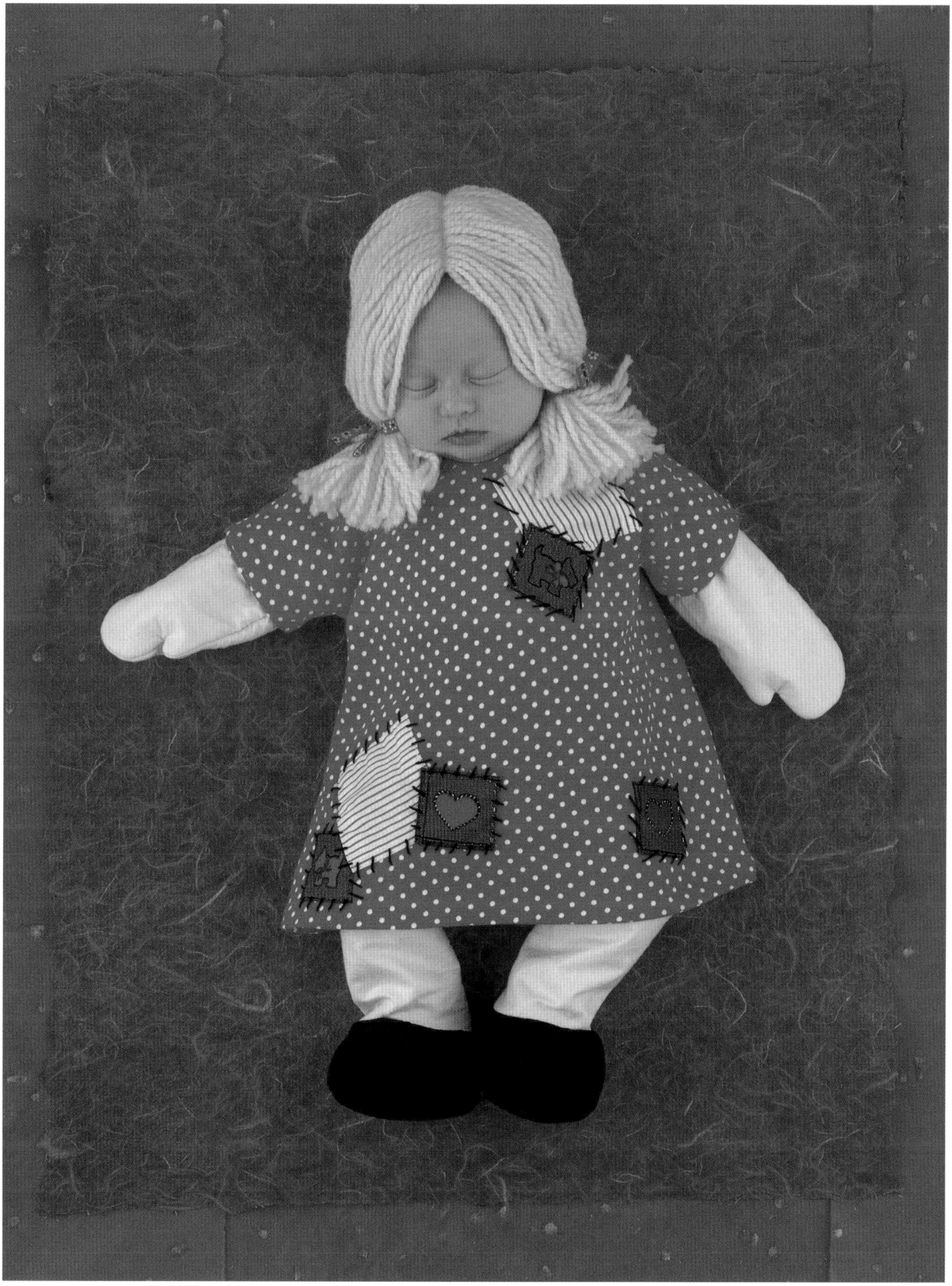

SEPTEMBER

SUNDAY 2

Full Moon

MONDAY 3

Labor Day

TUESDAY 4

WEDNESDAY 5

THURSDAY 6

FRIDAY 7

SATURDAY 8

SEPTEMBER

S	M	T	W	T	F	S
						1
2	3	4	5	6	7	8
9	10	11	12	13	14	15
16	17	18	19	20	21	22
23	24	25	26	27	28	29
30						

SEPTEMBER

SUNDAY 9

Grandparents' Day

MONDAY 10

◑ Last Quarter Moon

TUESDAY 11

WEDNESDAY 12

THURSDAY 13

FRIDAY 14

SATURDAY 15

SEPTEMBER

S	M	T	W	T	F	S
						1
2	3	4	5	6	7	8
9	10	11	12	13	14	15
16	17	18	19	20	21	22
23	24	25	26	27	28	29
30						

SEPTEMBER

SUNDAY 16

MONDAY 17

New Moon

TUESDAY 18

Rosh Hashanah (begins at sunset)

WEDNESDAY 19

THURSDAY 20

FRIDAY 21

SATURDAY 22

Autumnal Equinox 7:05 p.m. E.D.T.

SUNDAY 23

MONDAY 24

◐ First Quarter Moon

TUESDAY 25

WEDNESDAY 26

THURSDAY 27

Yom Kippur (begins at sunset)

FRIDAY 28

SATURDAY 29

SEPTEMBER

S	M	T	W	T	F	S
						1
2	3	4	5	6	7	8
9	10	11	12	13	14	15
16	17	18	19	20	21	22
23	24	25	26	27	28	29
30						

SEPTEMBER/OCTOBER

SUNDAY 30

MONDAY 1

TUESDAY 2

Full Moon

WEDNESDAY 3

THURSDAY 4

FRIDAY 5

SATURDAY 6

OCTOBER

S	M	T	W	T	F	S
	1	2	3	4	5	6
7	8	9	10	11	12	13
14	15	16	17	18	19	20
21	22	23	24	25	26	27
28	29	30	31			

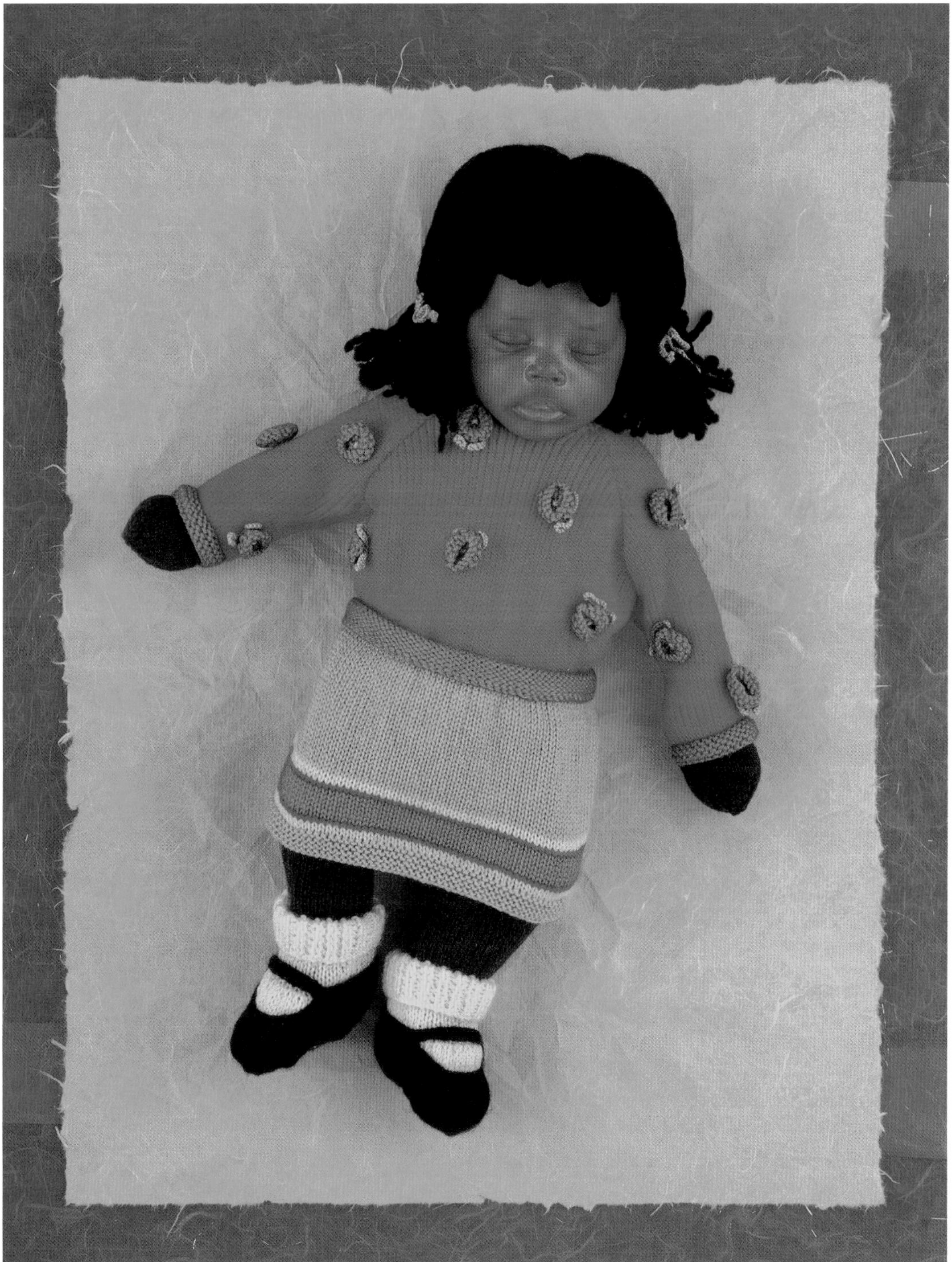

OCTOBER

SUNDAY 7

MONDAY 8

Columbus Day
Canadian Thanksgiving Day

TUESDAY 9

WEDNESDAY 10

◐
Last Quarter Moon

THURSDAY 11

FRIDAY 12

SATURDAY 13

SUNDAY 14

MONDAY 15

TUESDAY 16

New Moon

WEDNESDAY 17

THURSDAY 18

FRIDAY 19

SATURDAY 20

OCTOBER

S	M	T	W	T	F	S
	1	2	3	4	5	6
7	8	9	10	11	12	13
14	15	16	17	18	19	20
21	22	23	24	25	26	27
28	29	30	31			

OCTOBER

SUNDAY 21

MONDAY 22

TUESDAY 23

First Quarter Moon

WEDNESDAY 24

THURSDAY 25

FRIDAY 26

SATURDAY 27

OCTOBER

S	M	T	W	T	F	S
	1	2	3	4	5	6
7	8	9	10	11	12	13
14	15	16	17	18	19	20
21	22	23	24	25	26	27
28	29	30	31			

OCTOBER/NOVEMBER

SUNDAY 28

Daylight Saving Time ends (turn clock back an hour)

MONDAY 29

TUESDAY 30

WEDNESDAY 31

Halloween

THURSDAY 1

Full Moon

FRIDAY 2

SATURDAY 3

NOVEMBER

S	M	T	W	T	F	S
				1	2	3
4	5	6	7	8	9	10
11	12	13	14	15	16	17
18	19	20	21	22	23	24
25	26	27	28	29	30	

NOVEMBER

SUNDAY 4

MONDAY 5

TUESDAY 6

Election Day

WEDNESDAY 7

THURSDAY 8

Last Quarter Moon

FRIDAY 9

SATURDAY 10

SUNDAY 11

Veterans Day
Remembrance Day (Canada)

MONDAY 12

TUESDAY 13

WEDNESDAY 14

THURSDAY 15

New Moon

FRIDAY 16

SATURDAY 17

NOVEMBER

S	M	T	W	T	F	S
				1	2	3
4	5	6	7	8	9	10
11	12	13	14	15	16	17
18	19	20	21	22	23	24
25	26	27	28	29	30	

NOVEMBER

SUNDAY 18

MONDAY 19

TUESDAY 20

WEDNESDAY 21

THURSDAY 22

Thanksgiving Day

◐

First Quarter Moon

FRIDAY 23

SATURDAY 24

NOVEMBER

S	M	T	W	T	F	S
				1	2	3
4	5	6	7	8	9	10
11	12	13	14	15	16	17
18	19	20	21	22	23	24
25	26	27	28	29	30	

NOVEMBER/DECEMBER

SUNDAY 25

MONDAY 26

TUESDAY 27

WEDNESDAY 28

THURSDAY 29

FRIDAY 30

Full Moon

SATURDAY 1

DECEMBER

S	M	T	W	T	F	S
						1
2	3	4	5	6	7	8
9	10	11	12	13	14	15
16	17	18	19	20	21	22
23	24	25	26	27	28	29
30	31					

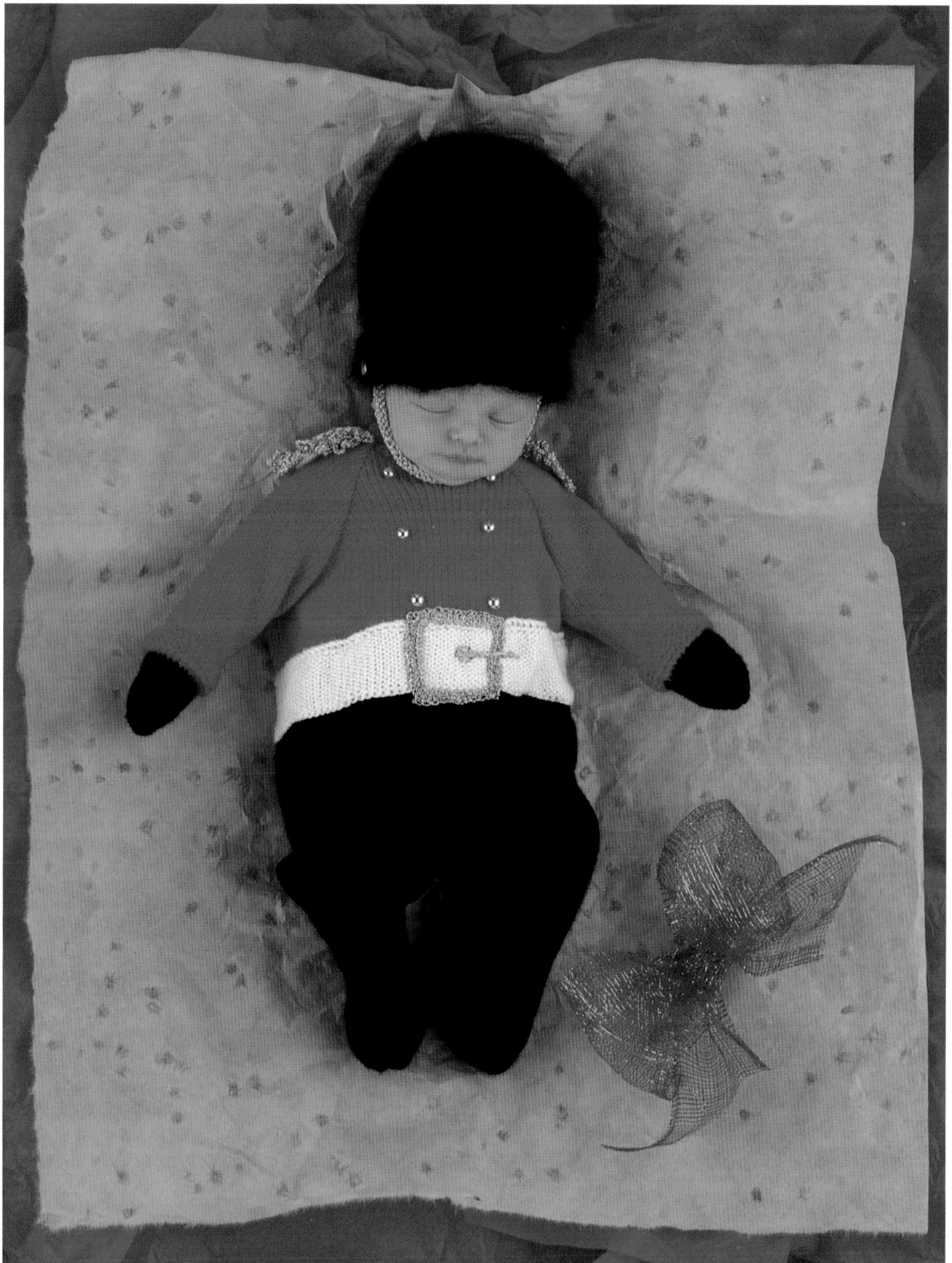

DECEMBER

SUNDAY 2

MONDAY 3

TUESDAY 4

WEDNESDAY 5

THURSDAY 6

FRIDAY 7

Last Quarter Moon

SATURDAY 8

SUNDAY 9

MONDAY 10

Hanukkah (begins at sunset)

TUESDAY 11

WEDNESDAY 12

THURSDAY 13

FRIDAY 14

New Moon

SATURDAY 15

DECEMBER

S	M	T	W	T	F	S
						1
2	3	4	5	6	7	8
9	10	11	12	13	14	15
16	17	18	19	20	21	22
23	24	25	26	27	28	29
30	31					

DECEMBER

SUNDAY 16

MONDAY 17

TUESDAY 18

WEDNESDAY 19

THURSDAY 20

FRIDAY 21

Winter Solstice 2:22 p.m. E.S.T.

SATURDAY 22

First Quarter Moon

DECEMBER

S	M	T	W	T	F	S
						1
2	3	4	5	6	7	8
9	10	11	12	13	14	15
16	17	18	19	20	21	22
23	24	25	26	27	28	29
30	31					

DECEMBER

SUNDAY 23

MONDAY 24

TUESDAY 25

Christmas

WEDNESDAY 26

Boxing Day (Canada)

THURSDAY 27

FRIDAY 28

SATURDAY 29

DECEMBER

S	M	T	W	T	F	S
						1
2	3	4	5	6	7	8
9	10	11	12	13	14	15
16	17	18	19	20	21	22
23	24	25	26	27	28	29
30	31					

DECEMBER/JANUARY

SUNDAY 30

Full Moon

MONDAY 31

TUESDAY 1

New Year's Day

WEDNESDAY 2

THURSDAY 3

FRIDAY 4

SATURDAY 5

JANUARY

S	M	T	W	T	F	S
		1	2	3	4	5
6	7	8	9	10	11	12
13	14	15	16	17	18	19
20	21	22	23	24	25	26
27	28	29	30	31		

2002

JANUARY

S	M	T	W	T	F	S
		1	2	3	4	5
6	7	8	9	10	11	12
13	14	15	16	17	18	19
20	21	22	23	24	25	26
27	28	29	30	31		

FEBRUARY

S	M	T	W	T	F	S
					1	2
3	4	5	6	7	8	9
10	11	12	13	14	15	16
17	18	19	20	21	22	23
24	25	26	27	28		

MARCH

S	M	T	W	T	F	S
					1	2
3	4	5	6	7	8	9
10	11	12	13	14	15	16
17	18	19	20	21	22	23
24	25	26	27	28	29	30
31						

APRIL

S	M	T	W	T	F	S
	1	2	3	4	5	6
7	8	9	10	11	12	13
14	15	16	17	18	19	20
21	22	23	24	25	26	27
28	29	30				

MAY

S	M	T	W	T	F	S
			1	2	3	4
5	6	7	8	9	10	11
12	13	14	15	16	17	18
19	20	21	22	23	24	25
26	27	28	29	30	31	

JUNE

S	M	T	W	T	F	S
						1
2	3	4	5	6	7	8
9	10	11	12	13	14	15
16	17	18	19	20	21	22
23	24	25	26	27	28	29
30						

JULY

S	M	T	W	T	F	S
	1	2	3	4	5	6
7	8	9	10	11	12	13
14	15	16	17	18	19	20
21	22	23	24	25	26	27
28	29	30	31			

AUGUST

S	M	T	W	T	F	S
				1	2	3
4	5	6	7	8	9	10
11	12	13	14	15	16	17
18	19	20	21	22	23	24
25	26	27	28	29	30	31

SEPTEMBER

S	M	T	W	T	F	S
1	2	3	4	5	6	7
8	9	10	11	12	13	14
15	16	17	18	19	20	21
22	23	24	25	26	27	28
29	30					

OCTOBER

S	M	T	W	T	F	S
		1	2	3	4	5
6	7	8	9	10	11	12
13	14	15	16	17	18	19
20	21	22	23	24	25	26
27	28	29	30	31		

NOVEMBER

S	M	T	W	T	F	S
					1	2
3	4	5	6	7	8	9
10	11	12	13	14	15	16
17	18	19	20	21	22	23
24	25	26	27	28	29	30

DECEMBER

S	M	T	W	T	F	S
1	2	3	4	5	6	7
8	9	10	11	12	13	14
15	16	17	18	19	20	21
22	23	24	25	26	27	28
29	30	31				

2003

JANUARY

S	M	T	W	T	F	S
			1	2	3	4
5	6	7	8	9	10	11
12	13	14	15	16	17	18
19	20	21	22	23	24	25
26	27	28	29	30	31	

FEBRUARY

S	M	T	W	T	F	S
						1
2	3	4	5	6	7	8
9	10	11	12	13	14	15
16	17	18	19	20	21	22
23	24	25	26	27	28	

MARCH

S	M	T	W	T	F	S
						1
2	3	4	5	6	7	8
9	10	11	12	13	14	15
16	17	18	19	20	21	22
23	24	25	26	27	28	29
30	31					

APRIL

S	M	T	W	T	F	S
		1	2	3	4	5
6	7	8	9	10	11	12
13	14	15	16	17	18	19
20	21	22	23	24	25	26
27	28	29	30			

MAY

S	M	T	W	T	F	S
				1	2	3
4	5	6	7	8	9	10
11	12	13	14	15	16	17
18	19	20	21	22	23	24
25	26	27	28	29	30	31

JUNE

S	M	T	W	T	F	S
1	2	3	4	5	6	7
8	9	10	11	12	13	14
15	16	17	18	19	20	21
22	23	24	25	26	27	28
29	30					

JULY

S	M	T	W	T	F	S
		1	2	3	4	5
6	7	8	9	10	11	12
13	14	15	16	17	18	19
20	21	22	23	24	25	26
27	28	29	30	31		

AUGUST

S	M	T	W	T	F	S
					1	2
3	4	5	6	7	8	9
10	11	12	13	14	15	16
17	18	19	20	21	22	23
24	25	26	27	28	29	30
31						

SEPTEMBER

S	M	T	W	T	F	S
	1	2	3	4	5	6
7	8	9	10	11	12	13
14	15	16	17	18	19	20
21	22	23	24	25	26	27
28	29	30				

OCTOBER

S	M	T	W	T	F	S
			1	2	3	4
5	6	7	8	9	10	11
12	13	14	15	16	17	18
19	20	21	22	23	24	25
26	27	28	29	30	31	

NOVEMBER

S	M	T	W	T	F	S
						1
2	3	4	5	6	7	8
9	10	11	12	13	14	15
16	17	18	19	20	21	22
23	24	25	26	27	28	29
30						

DECEMBER

S	M	T	W	T	F	S
	1	2	3	4	5	6
7	8	9	10	11	12	13
14	15	16	17	18	19	20
21	22	23	24	25	26	27
28	29	30	31			

2004

JANUARY

S	M	T	W	T	F	S
				1	2	3
4	5	6	7	8	9	10
11	12	13	14	15	16	17
18	19	20	21	22	23	24
25	26	27	28	29	30	31

FEBRUARY

S	M	T	W	T	F	S
1	2	3	4	5	6	7
8	9	10	11	12	13	14
15	16	17	18	19	20	21
22	23	24	25	26	27	28
29						

MARCH

S	M	T	W	T	F	S
	1	2	3	4	5	6
7	8	9	10	11	12	13
14	15	16	17	18	19	20
21	22	23	24	25	26	27
28	29	30	31			

APRIL

S	M	T	W	T	F	S
				1	2	3
4	5	6	7	8	9	10
11	12	13	14	15	16	17
18	19	20	21	22	23	24
25	26	27	28	29	30	

MAY

S	M	T	W	T	F	S
						1
2	3	4	5	6	7	8
9	10	11	12	13	14	15
16	17	18	19	20	21	22
23	24	25	26	27	28	29
30	31					

JUNE

S	M	T	W	T	F	S
		1	2	3	4	5
6	7	8	9	10	11	12
13	14	15	16	17	18	19
20	21	22	23	24	25	26
27	28	29	30			

JULY

S	M	T	W	T	F	S
				1	2	3
4	5	6	7	8	9	10
11	12	13	14	15	16	17
18	19	20	21	22	23	24
25	26	27	28	29	30	31

AUGUST

S	M	T	W	T	F	S
1	2	3	4	5	6	7
8	9	10	11	12	13	14
15	16	17	18	19	20	21
22	23	24	25	26	27	28
29	30	31				

SEPTEMBER

S	M	T	W	T	F	S
			1	2	3	4
5	6	7	8	9	10	11
12	13	14	15	16	17	18
19	20	21	22	23	24	25
26	27	28	29	30		

OCTOBER

S	M	T	W	T	F	S
					1	2
3	4	5	6	7	8	9
10	11	12	13	14	15	16
17	18	19	20	21	22	23
24	25	26	27	28	29	30
31						

NOVEMBER

S	M	T	W	T	F	S
	1	2	3	4	5	6
7	8	9	10	11	12	13
14	15	16	17	18	19	20
21	22	23	24	25	26	27
28	29	30				

DECEMBER

S	M	T	W	T	F	S
			1	2	3	4
5	6	7	8	9	10	11
12	13	14	15	16	17	18
19	20	21	22	23	24	25
26	27	28	29	30	31	

NAME	ADDRESS/PHONE

NAME	ADDRESS/PHONE